Martin Denker

Das deutsche Rechtssystem

im Koma

Diagnose – Therapie und Rettungsversuch

Impressum

© 2014 Martin Denker

Inhaltsangabe

In unterhaltsamer Form, wird dem Leser dargestellt, was faul ist an unserem Rechtssystem, und wie es dazu kommen konnte.

Ausgehend von der Entstehung des Berufs des Rechtsanwalts, der Gesetze, und der Demokratie in Kurzform, geht der Autor dann darauf ein, wie es zu den Fehlentwicklungen gekommen ist, mit besonders kritischer Betrachtung des RVG.

Er zeigt aber auch Wege auf, wie unser Rechtssystem wieder funktionsfähig und zeitgemäß gemacht werden könnte, damit jeder Bürger in unserem Land, immer und sofort sein Recht bekommt, und unsere Nachbarn uns darum beneiden.

Vorwort

Nachdem jetzt endlich von der schreibenden Zunft ein Thema aufgegriffen wurde, das schon längst überfällig war, soll dieses zweite Büchlein des Verfassers dazu beitragen, dass die Diskussion um dieses Thema weitergeht, und sich immer mehr Menschen trauen, ihre Meinung dazu kundzutun, und ihrem Ärger über die unerträglichen Zustände in unserem Rechtssystem Luft zu machen.

Der Autor wird es jedenfalls nicht stillschweigend hinnehmen, wenn ein einfaches Zivilverfahren, in dem es lediglich um 2.000,- EUR zu viel gezahlter Heizkosten geht, nun schon mehr als drei Jahre dauert, und ein Ende immer noch nicht absehbar ist.

Im ersten Büchlein wurde dieses Verfahren bereits in allen Einzelheiten bekannt gemacht.

Dieses Büchlein will nicht nur Kritik üben, sondern auch Wege aufzeigen, wie die maßgeblichen Institutionen, in erster Linie die Rechtsanwaltskammern, wieder ein

Rechtssystem schaffen müssen, das dem Bürger auch wirklich in angemessener Zeit zu seinem Recht verhilft.

Rechtsanwalt – Der Anfang

Als die Menschen noch in kleinen Gruppen zusammenlebten, gab es noch keine Rechtsanwälte. Bei Streitigkeiten schlug der Anführer mit der Faust auf den Tisch, falls es schon einen gab, sprach: „Basta", und damit war der Streit erledigt.

Manche glauben, das gibt es auch heute noch, aber die irren, jedenfalls in der zivilisierten Welt gibt es das nicht mehr, was sich später noch erweisen wird.

Als sich die kleinen Gruppen, entweder in Stammesfehden oder freiwillig in einem begrenzten Gebiet zusammenschlossen, entstanden die ersten Länder. Es gab aber immer noch einen Anführer, den Stammesfürsten. Da dieser, bei der nun angewachsenen Bevölkerung, nicht mehr jeden Streit selbst mit einem „ Basta" beenden konnte, musste er Regeln schaffen, wie seine Untertanen in seinem Land zusammenleben sollten. Damit waren die Gesetze geboren. Er konnte nun seine Vertrauten ins Land schicken, damit sie die Einhaltung der Gesetze überwachten, und Streitigkeiten nach den festgesetzten Regeln erledigen sollten. Es entstand der Beruf des Richters, allerdings noch nicht die heutige Version, weil diese Richter noch Marionetten des Stammesfürsten waren..

Es liegt in der Natur des Menschen, dass er sich mit der Tatsache, andere Länder andere Sitten, nicht abfinden kann, und so wurden die Länder, die nicht freiwillig bereit waren sich einem mächtigeren Land anzuschließen, und dessen Regeln zu übernehmen, in blutigen Kriegen dazu gezwungen.

So entstanden im Lauf der Geschichte zunächst neue Staaten, und dann immer neue Riesenreiche, die immer mit Blut und Tränen, und vielen Toten, erschaffen wurden.

Eine Weiterentwicklung der Gattung Mensch, der nicht mehr alles untertan machen will, ist leider bis heute noch nicht in Sicht.

In den neuen Großreichen mussten natürlich Verwaltungsstrukturen und neue Gesetze entwickelt werden, um den Zusammenhalt des Riesenreiches zu gewährleisten.

Die Gesetze wurden allmählich so zahlreich, dass es für den Normalbürger nicht mehr möglich war einen Überblick zu behalten. Es musste also Jemand geben, der alle Gesetze kannte, und der anderen helfen konnte, wenn sie von Ihresgleichen oder vom der Obrigkeit unrechtmäßig behandelt wurden.

Der Beruf des Rechtsanwalts war geboren. Zu Beginn unterschied man noch zwischen Prokuratoren oder Fürsprechern und Advokaten oder Beratern. Die erste Gruppe hatte einen höheren Rang. Aber Beide durften für ihre Tätigkeit aber schon Lohn verlangen. Interessant war, dass die Advokaten, für schlechten Rat kein Geld bekamen. Schade, dass es das heute nicht mehr gibt.

Seit dem Ende des 16. Jahrhunderts wurde diese Zweiteilung nach und nach gelockert, und mit den Rechtsreformen des napoleonischen Zeitalters beseitigt, sodass dies der Beginn eines einheitlichen Berufs, Rechtsanwalt, war.

Die Gesetze wurden aber immer noch von Kaisern und Königen gemacht, und die Rechtsanwälte konnten nur Hilfe leisten, damit die Gesetze auch richtig angewendet, und Keiner bevorteilt oder benachteiligt wurde.

Erst nachdem durch Revolutionen die Könige und Kaiser von Ihrem Thron gestürzt wurden, und sich allmählich die

Staatsform der Demokratie entwickelte, nahm auch die Macht der Rechtsanwälte sprunghaft zu, da sie jetzt nicht nur Hilfe bei der Anwendung der Gesetze leisteten, sondern die Gesetze auch selbst machen konnten.

Die Demokratie – Entstehung und Entwicklung

Seit Darwin seine Evolutionstheorie entwickelt hat, weiß jedes Kind, jedenfalls, wenn es in einem Land geboren wurde, wo es eine Schule gibt, dass der Mensch der vorerst krönende Abschluss der Entwicklung der Gattung Affen, ist.

Da als Endergebnis nicht sofort das absolut fehlerfreie Lebewesen entstehen kann, haften ihm natürlich noch viele Eigenarten seiner Vorfahren an.

Zum Beispiel hat er zunächst die Regeln übernommen, die zum Zusammenleben mehrerer Individuen erforderlich waren, um sich nicht gegenseitig sofort wieder auszulöschen. Solange die Menschen in kleinen Gruppen zusammenlebten, galt, wie bei den Affen, das Recht des Stärkeren, der für Ordnung sorgte. Es herrschte eine sogenannte Rangordnung, in die sich alle einordneten, nachdem sie sich in Rangkämpfen dem Stärkeren untergeordnet hatten.

Im Laufe der Jahrtausende entwickelte sich der Mensch jedoch weiter, und zwar nicht nur zahlenmäßig sondern vor

Allem durch den Einsatz seines Gehirns, das es Ihm erlaubte, nicht nur seine physischen Kräfte zum Einsatz zu bringen, sondern auch durch überlegenes Denken, einen höheren Rang zu erreichen.

Mit den Möglichkeiten unserer Zeit, kann ein Mensch, durch eine Ideologie oder eine Religion sogar ganze Völker beherrschen und unterdrücken.

Daher haben findige Denker eine Möglichkeit gesucht, wie man das Zusammenleben von Menschen so organisieren kann, dass jeder Einzelne in seinem kurzen Leben möglichst so leben kann, wie er möchte, und trotzdem das gemeinsame Zusammenleben ohne Mord und Totschlag möglich ist.

Die Menschenrechte und die Demokratie waren geboren. Es wurden Regeln geschaffen, die das Zusammenleben der Völker, aber auch der Menschen in einem Staat regeln, und zwar unter Einbeziehung eines jeden Einzelnen.

Natürlich können sich nicht 5 Milliarden Menschen irgendwo zusammensetzen und dann einzeln abstimmen. Es müssen also einzelne Menschen gewählt werden, die dann die Interessen einer großen Gruppe von Menschen vertreten. Und hier beginnt das Problem:

Es ist nicht möglich, jedenfalls nicht bei dem Menschentyp, den es zurzeit gibt, dass ein von vielen gewählter Mensch, nur die Interessen derer vertritt, die ihn gewählt haben. Die heutige Menschenrasse ist immer noch behaftet mit den Urtrieben aller Lebewesen, nämlich dem Selbsterhaltungs- und dem Fortpflanzungstrieb und so denkt er natürlich zuerst an sich und seine Möglichkeiten. So kann auch die parlamentarische Demokratie nur eine unvollkommene Form des Zusammenlebens der Menschheit sein.

Es wird sicherlich noch vieler Generationen und vieler Evolutionsstufen in der Entwicklung des Menschen bedürfen, bis sich ein Menschentyp entwickelt hat, der global zum Wohle jedes Einzelnen handelt, und bereit ist zu teilen.

Demokratie Bundesrepublik Deutschland

Kommen wir jetzt zu unserem demokratischen Rechtsstaat Bundesrepublik Deutschland. Hier haben wir zunächst einmal einen Grund zur Freude und zur Dankbarkeit.

Wer in der Welt etwas herumgekommen ist, kann ermessen, wie gut es uns Deutschen geht, und wie vielen Menschen auf der Welt ein menschenwürdiges Leben nicht vergönnt ist.

Nachdem der Versuch eines Deutschen gescheitert war, die ganze Menschheit zu reinrassigen Ariern zu machen, war auch der Traum eines ganzen Volkes ausgeträumt, dass nur sie dem idealen Menschenbild entsprachen.

Die Völker der Welt, hatten die Deutschen wieder in die Realität zurückgeholt, und ihnen gezeigt, dass sie sich nicht von oben herab ein Menschenbild verordnen lassen. Sie hatten alles zerstört, was das selbst ernannte Herrenvolk aufgebaut hatte, und so mussten die Deutschen wieder ganz klein von unten neu anfangen, sich eine Ordnung für das Zusammenleben zu geben.

Mit Hilfe der Besatzungsmächte, taten sie das sehr weise, indem sie Menschen mit viel Lebenserfahrung, die sogenannten Väter des Grundgesetzes, eine Grundordnung, das Grundgesetz, erschaffen ließen, welches dann das Fundament bildete, auf dem alle weiteren Regeln für ein gutes Zusammenleben der Deutschen, aufgebaut werden konnten.

Da die Deutschen in der ganzen Welt bekannt sind, als fleißige, pünktliche, zuverlässige und gründliche Menschen, taten sie das auch, indem sie bis zum Jahre 2009, 1.924 Gesetze und 3.490 Verordnungen neu erschufen.

Die Entstehung der Gesetze

Die erste Frage sollte sein: Warum gibt es so viele Gesetze. Die Antwort ist einfach, weil es so viele Menschen gibt. Jeder möchte gern, dass seine Interessen durch Gesetz geschützt werden, und er dadurch einen Vorteil erlangt. So haben sich sogar Gruppen zusammengeschlossen, die das Gleiche für sich erreichen wollen, die sogenannten Interessengruppen, oder auch die Lobby.

An wen soll man sich aber wenden, damit für einen auch ein Gesetz gemacht wird?

Und nun kommen die Rechtsanwälte ins Spiel.

Bei jedem Gesetz muss Jemand (meistens ein Ministerium) eine Gesetzesvorlage in den Bundestag einbringen. Da nur Rechtsanwälte gelernt haben, wie ein Gesetz zweckmäßigerweise aussehen soll, sind sie es auch, die die Gesetze, sei es beim Ministerium als Beamte, oder für die Interessenvertretungen, ausarbeiten. Danach wird dann mit Mehrheit im Bundestag abgestimmt, ob der vorgelegte Entwurf so Gesetz werden soll. Das ist nur sehr selten der

Fall, weil sich die Regierung und die Opposition schon aus Prinzip nicht einig sind.

Der neue Gesetzentwurf, kommt danach zur Beratung in den Rechtsausschuss des Bundestags, der, wie der Name schon sagt, natürlich überwiegend mit Rechtsanwälten besetzt ist. Dort können die Anwälte dann das Gesetz nach ihren Wünschen zuschneiden, und dann erneut dem Bundestag, als nunmehr die bestmögliche Fassung des Gesetzes vorlegen.

Da die Rechtsanwälte im Bundestag weit überproportional zum Anteil an der Bevölkerung vertreten sind, und der Bundestag bei solchen für andere Parlamentarier unwichtigen Entscheidungen, meist nur gering besetzt ist, haben die anwesenden Anwälte dann leichtes Spiel, das Gesetz mit Mehrheit zu verabschieden.

Zu den Mehrheitsverhältnissen im Bundestag ist anzumerken:

Die Zahl der im Bundestag vertretenen Anwälte hat sich seit 1961 mehr als verdoppelt. Zurzeit sind die Rechtsanwälte mit 80 Mandaten im Bundestag vertreten.

Es gibt in Deutschland rund 160.000 Rechtsanwälte. Der Anteil der Rechtsanwälte an der Gesamtbevölkerung von 80 Millionen beträgt 0,2 %.

Im Bundestag vertreten sind sie bei 631 Abgeordneten jedoch mit einem Anteil von 13 %!

Der Machtzuwachs der Rechtsanwälte ist, durch ihre Qualifikation und ihre Anzahl, seit den Anfängen der Bundesrepublik furchterregend gewachsen, und wenn wir alle nichts dagegen tun, wird unsere Demokratie bald zum Rechtsanwaltsstaat umfunktioniert worden sein.

Wer also einen guten Draht zu einflussreichen Rechtsanwälten hat, kann damit rechnen, dass für ihn auch bald ein Gesetz gemacht wird.

Selbstverständlich haben die Rechtsanwälte sich selbst nicht vergessen, und ein Gesetz für sich geschaffen, das es für keinen anderen Beruf gibt.

Das RVG

Es ist kaum zu glauben, aber hier handelt es sich tatsächlich um ein richtiges Gesetz, an das alle Menschen in unserem Staat gebunden sind. Mit vollem Namen heißt es:

„Gesetz über die Vergütung der Rechtsanwältinnen und Rechtsanwälte"

Alle anderen Berufszweige müssen Rechnungen gegen eine harte Konkurrenz in der Marktwirtschaft durchsetzen, und dann auch noch damit rechnen, dass der Kunde die erbrachte Leistung nicht anerkennt und sie gezwungen sind, in einem mitunter Jahre dauernden Prozess ihre Ansprüche, gerichtlich durchzusetzen.

Viele Berufsgruppen haben sich deshalb, um wenigstens den Konkurrenzdruck etwas abzumildern, zusammengeschlossen, und eigene Gebührensätze für ihre Branche entwickelt.

So haben z.B. die Steuerberater ihre StBVV, die Apotheker ihre AMPreisVO, die Architekten ihre HOAI und die Ärzte handeln ihre Vergütung gemeinsam mit dem Bund und den Ländern aus.

Das alles haben die Rechtsanwälte seit dem 1. Juli 2004 nicht mehr nötig. Zu diesem Zeitpunkt ist nämlich das wunderbare RVG in Kraft getreten.

Vorher hatten die Rechtsanwälte auch ihre eigene Vergütungsregelung, die BRAGO.

Nun haben die Rechtsanwälte es geschafft, dass eigens für sie, ein Gesetz geschaffen wurde, wonach sie aller Sorgen bei der Erstellung von Rechnungen und der Durchsetzung ihrer Forderung enthoben sind, weil es ja so im Gesetz steht.

Sie müssen sich auch keine Sorgen mehr machen, dass sie nicht sofort ihr Geld bekommen, weil sie ihre Gebühren gerichtlich festsetzen, und danach sofort durch den Gerichtsvollzieher eintreiben lassen können.

Es galt schon vorher die Regel, wenn du mit einem Rechtsanwalt sprechen willst, frag ihn vorher, was das kostet. Diese Regel sollte nach Inkrafttreten des RVG unbedingt auch auf den Schriftverkehr erweitert werden. Jedes Schreiben an einen Anwalt sollte unbedingt mit dem Satz beginnen: „Bitte nur lesen oder antworten, wenn das kein Geld kostet."

Damit wären wir bereits mittendrin, in dem für Rechtsanwälte so lukrativen Gesetz, das zu einer wahren Anwaltsschwämme geführt hat. Die besondere Erwähnung der Rechtsanwältinnen hat sicherlich dazu beigetragen, dass inzwischen mehr Frauen als Männer den Beruf des Rechtsanwalts ergreifen.

Das RVG ist ein Buch mit 62 Paragraphen, und ist für einen Laien ein Buch mit sieben Siegeln.

Nach den Erfahrungen des Verfassers, ist dies jedoch das einzige Gesetz, das alle Rechtsanwälte vollkommen beherrschen, und für dessen Anwendung und Durchsetzung sie sich, im Gegensatz zu den Rechtsinteressen ihrer Mandanten, mit vollem Einsatz stark machen.

Bereits seit 1994 hatten sich die allmächtigen Rechtsanwaltskammern vergeblich darum bemüht, die Gebührensätze nach der damals noch gültigen BRAGO, für die Rechtsanwälte anzuheben. Dafür gab es jedoch keine Mehrheit.

Erst als der Anteil der Rechtsanwälte im Parlament sich drastisch erhöhte, gelang es im Jahre 2004 das neue RVG durchzusetzen.

Nach Angaben des Gesetzgebers sollte sich das durchschnittliche Einkommen der Rechtsanwälte dadurch um 14% erhöhen. Viele Rechtschutzversicherer gehen aber von einer Erhöhung von mindestens 20% aus.

Im August 2013 erreichten die Rechtsanwälte eine erneute Gebührenerhöhung von 19%.

Bei weiter steigender Anzahl von Rechtsanwälten im Parlament, dürfte es in Zukunft ein Leichtes sein, weitere Gebührenerhöhungen durchzusetzen.

Mit dem RVG sollte, nach dem Willen des Gesetzgebers, das Kosten- und Vergütungsrecht vereinfacht werden, und die Gerichte entlastet werden, indem die Anwälte verstärkt für außergerichtliche Streitbeilegungen sorgen sollten.

Beide Ziele wurden nicht erreicht!

Das verführerische RVG hat zu einem weiteren Anstieg der Rechtsanwälte, und damit auch zur Zunahme der Gerichtsverfahren gesorgt, und die Möglichkeit, die Gebühren jetzt nach der Schwierigkeit der Tätigkeit zu berechnen, hat zu weiterer Verschleierung der Gebührenberechnung geführt. Die Gebühren für außergerichtliche Streitbeilegungen, lohnen sich nicht.

Die Möglichkeiten des RVG

Es ist nicht Absicht dieses Büchleins, das RVG einer breiten Öffentlichkeit verständlich zu machen. Damit haben selbst Experten Probleme. Das Büchlein soll aufzeigen, welche Möglichkeiten den Rechtsanwälten mit diesem Gesetz gegeben wurden, den überraschten Mandanten, ohne viel, oder sogar gar keinen Arbeitsaufwand, das Geld, völlig rechtmäßig, aus der Tasche zu ziehen, und den Mandanten zeigen, in welche Abzockfallen sie geraten können.

Die hier geschilderten Sachverhalte, hat der Verfasser zum Teil selbst erlebt, oder von Bekannten und anderen Quellen erfahren.

Da jetzt langsam eine Diskussion in Gang kommt, über die unerträglichen Zustände im deutschen Rechtssystem, soll das Büchlein weiter Stimmung machen, damit die Akteure, die etwas ändern könnten, gemeint sind in erster Linie die Rechtsanwaltskammern, endlich aufwachen, bevor das Recht im Staat zum Glücksspiel wird, was es nach Meinung Vieler schon ist.

Beginnen wir jetzt mit den wunderbaren Möglichkeiten, die das RVG den Rechtanwälten bietet:

Wenn ein kleines Menschlein, dem Jemand Unrecht angetan hat, in seiner Not, zu einem Rechtsanwalt geht, ihm seine Sorgen klagt, und fragt ob er ihm helfen könne, sitzt er schon zappelnd in der Abzockfalle, und muss zahlen.

Die findigen Gesetzesmacher des RVG haben nämlich eine Gebühr erfunden, die allen Regeln eines ordentlichen Geschäftsmannes widerspricht.

Oberste Regel eines ordentlichen Geschäftsmannes ist, das er für das Geld was er fordert, auch eine gleichwertige Gegenleistung erbracht hat. Diese Regel haben die Rechtsanwälte für sich, bedenkenlos außer Kraft gesetzt.

Gemeint ist die Geschäftsgebühr. Sie entsteht für das Betreiben des Geschäfts einschließlich der Information. Der Anwalt muss weiter nichts tun, als sich die kurze Schilderung des Mandanten anhören, und anschließend sagen: „Das machen wir schon." Wenn der Anwalt dem Mandanten, nach dem ersten Besuch nicht vertrauenswürdig ist, und er einen anderen Anwalt sucht, ist es schon zu spät. Die Geschäftsgebühr ist entstanden, und er muss zahlen.

Dasselbe kann ihm beim nächsten Anwalt erneut passieren, und die Rechtschutzversicherung zahlt dann nicht mehr, weil sie nur die Kosten für einen Anwalt übernimmt.

Es kommt aber noch viel schlimmer. Wenn man beim ersten Gespräch, oder bei einer schriftlichen Anfrage nach den Kosten fragt, haben fast alle Anwälte das Interesse an der Sache sofort verloren, und lehnen die Übernahme des Mandats aus fadenscheinigen Gründen ab, oder die Anfrage wird erst gar nicht beantwortet.

Das zeigt ganz klar, dass die Anwälte einzig und allein, an der Berechnung der Geschäftsgebühr interessiert sind, und was danach kommt, ist den Meisten egal.

Wenn ein Mandant nicht nach dem Preis gefragt und die Geschäftsgebühr bezahlt hat, haben die Rechtanwälte verschiedene Wege entwickelt, wie sie an die weiteren attraktiven Gebühren nach dem RVG kommen können:

Als Nächstes kommt die Verfahrensgebühr. Diese entsteht, wenn der Anwalt für seinen Mandanten ein gerichtliches Verfahren betreibt.

Zur Begründung für die Notwendigkeit des RVG, war insbesondere vorgesehen, dass der Anwalt verstärkt darauf dringen sollte, dass zur Entlastung der Gerichte, die Verfahren außergerichtlich beigelegt werden sollten.

Hat Sie schon mal ein Anwalt gefragt, ob sie den Streit nicht ohne Gericht beilegen wollen? Dann wäre er auch schön dumm, denn dann bekäme er nur 0,8 statt 1,3 der Gebühr.

Um die volle Verfahrensgebühr zu bekommen, muss der Anwalt nun einen Schriftsatz bei Gericht einreichen. Diese Gebühr ist also mit etwas Arbeit verbunden und nicht umsonst zu haben, wie die Geschäftsgebühr.

Allerdings steht im Gesetz nichts darüber, was der Schriftsatz enthalten muss. Und da scheiden sich die Geister.

Normalerweise sollte der Rechtsanwalt sein ganzes Können und Wissen und auch entsprechende Zeit aufbieten, um dem Mandanten zu einem Erfolg der Klage zu verhelfen.

Da ihm aber die Verfahrensgebühr auch voll zusteht, wenn der Mandant die Klage verliert, besteht kein Grund für den Anwalt sich besonders anzustrengen, und vielleicht sogar in Stress zu kommen, oder auf den Urlaub zu verzichten.

Es gibt Anwälte, die lassen die Begründung der Klage gleich ganz weg, wenn sie der Mandant nicht kontrolliert. Dem Verfasser ist ein Anwalt bekannt, der dem Mandanten überhaupt keine Informationen gibt, über das was er tut, mit der Begründung, der Mandant müsse Vertrauen zu ihm haben, und er sei keine Poststelle, die alle Schreiben an den Mandanten weiterleiten müsse.

So kommt es dazu, dass fast alle Anwälte im Internet mit mangelhaft oder noch nicht bewertet, geführt werden.

Manche Anwälte, vor allem Rechtsanwältinnen, legen das Mandat auch bereits vor der Eröffnung des Verfahrens nieder, weil sie mit der Geschäftsgebühr zufrieden sind, und sich die Arbeit mit der Begründung der Klage nicht machen wollen. Wenn sie weitermachen würden, bekämen sie auch nur die Hälfte der Geschäftsgebühr, weil die andere Hälfte auf die Verfahrensgebühr angerechnet wird. Ganz schön clever, nicht wahr?

Kommt es dann zur Gerichtsverhandlung, so erwartet den Anwalt eine weitere Gebühr, die Terminsgebühr. Für die Höhe aller Gebühren ist entscheidend der sogenannte Gegenstands-oder Streitwert. Je höher der Gegenstandswert, desto höher die Rechnung. Verständlicherweise, wird natürlich jeder Anwalt darauf bedacht sein, den Streitwert möglichst hoch anzusetzen. Normalerweise soll der Streitwert den Betrag angeben, um den sich die Parteien streiten. Auch hier sind die Rechtsanwälte sehr erfinderisch, bei der Definition, um was sich die Parteien streiten.

So ist es z. B. vorgekommen, dass in der Klage eines Wohnungseigentümers wegen 2.000 EUR zu hoch angesetzter Heizkosten für seine Wohnung, in der mündlichen Verhandlung, einvernehmlich zwischen den beiden Anwälten und dem Richter ein Gegenstandswert von 57.000 EUR festgesetzt wurde, mehr als die Wohnung überhaupt wert war.

In der mündlichen Verhandlung sollten sich die Rechtsanwälte vor dem Richter eigentlich für die Sache ihrer Mandanten streiten, dass die Fetzen fliegen. Wer jedoch öfter an solchen Verhandlungen teilgenommen hat, wird festgestellt haben, dass sich die beiden Anwälte gegenseitig kein Härchen krümmen, sondern fast immer nur darauf bedacht sind, das Verfahren schnell zu einem Ende zu bringen, um dann ihre Gebühren abrechnen zu können, und einen möglichst hohen Streitwert zu erreichen.

Den Streit sparen sie sich auf, bis sie wieder zu Hause bei ihrem Ehegatten sind.

Der größte Mangel des RVG liegt jedoch darin, dass ein Rechtsanwalt keinerlei Nachweise erbringen muss, welchen Zeitaufwand er für seine Tätigkeiten gehabt hat, und ob er die berechneten Tätigkeiten überhaupt ausgeführt hat. Ein Stundensatz ist im RVG noch nicht einmal vorgesehen.

So hat er z. B. die Möglichkeit, für ein 10-menütiges Gespräch zur Information über eine Sache, eine Geschäftsgebühr bis 1.862.- EUR zu berechnen, bei einem Streitwert von 50.000,- EUR, ganz ohne Arbeit.

Bei Übernahme eines laufenden Verfahrens, wurde von einer Anwältin, eine Verfahrensgebühr, angeblich für die

Einarbeitung in die Sache, von 1.740,, EUR berechnet, obwohl sie nichts weiter getan hat, als zwei Briefe an das Gericht zu schreiben: „Ich habe das Mandat übernommen" und danach: „ Ich habe das Mandat wieder niedergelegt."

Einen Nachweis über die Einarbeitungszeit, muss sie nach dem RVG nicht erbringen, das konnte allerdings nicht lange gedauert haben, weil die beiden Briefe kurz nacheinander geschrieben wurden. Die Anwältin hat, nach Entdeckung des verlockenden Streitwerts in der Gerichtsakte, schnell das Mandat niedergelegt, um ihre Gebühren danach berechnen zu können.

Dass der Mandant dann wieder einen neuen Anwalt suchen musste, störte sie nicht, sondern sie versuchte sogar noch, ihre Gebühr gerichtlich festsetzen, und danach per Gerichtsvollzieher eintreiben zu lassen.

Wenn das keine Abzocke ist, völlig legal, gedeckt durch das wunderbare RVG!

Jeder Handwerker muss seinen Kunden eine detaillierte Aufstellung vorlegen, welchen Zeitaufwand er für die

Erledigung der Arbeit, hatte. Ein Rechtsanwalt gibt eine vierstellige Zahl aus dem RVG in der Rechnung an, und die Bezeichnung der Gebühr, und schon steht ihm die Gebühr, per Gesetz, zu.

Das RVG bietet dem Rechtsanwalt aber auch noch andere Möglichkeiten wie er seinen Mandanten das Geld abnehmen kann. Da diese Gebühren jedoch nicht oft berechnet werden, wurde von einer Untersuchung, inwieweit hier auch das RVG zur Abzocke genutzt wird, abgesehen

Nur der Vollständigkeit halber sollen hier die Gebühren nacheinander aufgezählt werden, die es noch gibt:

Nach dem RVG kann der Rechtsanwalt noch die Beratungsgebühr, eine Gebühr für außergerichtliche Tätigkeit, die Erörterungsgebühr und die Einigungsgebühr berechnen.

Daneben gibt es noch die Möglichkeit, eine Honorarvereinbarung mit dem Mandanten zu treffen. Diese Möglichkeit soll aber nur dazu dienen, dem Rechtsanwalt zu erlauben, noch höhere Gebühren zu berechnen, als nach den

62 Paragraphen des RVG vorgesehen sind. Gebührenvereinbarungen, die unter den Sätzen des RVG liegen, sind nicht erlaubt, weil der Anwalt ja dann gegen ein Gesetz, das RVG, verstoßen würde.

Einen ganz großen Anteil an Schuld für die Ausbreitung der krankhaften Abzockmentalität bei den Rechtsanwälten, tragen aber auch die Rechtschutzversicherungen.

Haben sie die Zusage erteilt, die Kosten eines Verfahrens zu übernehmen, dann zahlen sie blind alle Rechnungen, die der Anwalt ihnen vorlegt. Eine Prüfung der Rechnungen brauchen sie nicht vorzunehmen; wenn die von den Versicherten gezahlten Beiträge nicht ausreichen, dann werden eben die Beiträge erhöht.

Die Anwälte sind inzwischen dazu übergegangen, dass die Mandanten über die Abrechnungen mit den Versicherungen gar nicht mehr informiert werden.

So konnte es z.B. passieren, dass ein Mandant bei Wechsel des Anwalts wegen mangelhafter Tätigkeit, erst erfahren hat, dass der Anwalt im Fall der zu viel bezahlten Heizkosten von 2.000,- EUR, mit der Versicherung einen

Betrag von 4.800,- EUR für seine Tätigkeit abgerechnet, und auch bekommen hatte.

Ein Anwalt wäre schön dumm, wenn er solche Angebote nicht annehmen würde.

Es wird nicht mehr lange dauern, bis die Rechtsanwälte nur noch Mandanten mit einer Rechtschutzversicherung annehmen werden.

Rechtsanwalt – Frau – Mann für alle Fälle

Es gibt in unserem schönen Land unzählige Berufe, und jeder Sprössling hat die Möglichkeit der freien Berufswahl, wenn er sich nicht gerade einen Beruf auswählt, den Alle gerne hätten, und von dem es bereits zu viele in unserem Staat gibt, bekommt er ihn auch.

Er oder Sie müssen dann ein paar Jahre studieren, oder zumindest eine meist dreijährige Lehre absolvieren, wo ihnen alle Kenntnisse vermittelt werden, die sie zur Ausübung des Berufs benötigen.

Danach ist Sie oder Er dann Bäcker, Klempner, Lokführer, Lehrer, Arzt, Beamter oder sonst etwas in der langen Kette der Berufe.

Es gibt jedoch eine Berufsgruppe, die vereinigt alles Wissen aller Berufe in sich, die Rechtsanwälte. Sie vertreten vor Gericht, gegen Gebühr, die Bäcker, Klempner, Lokführer, Lehrer, Ärzte und Beamte und wissen genau, wo sie der Schuh drückt.

Dabei kommt es zu den seltsamsten Klagebegründungen:

Mit dem Fachwissen eines Heizungsbauers, hat ein Rechtsanwalt bei einer strittigen Heizkostenabrechnung, wo die Heizkosten einer Wohnung zehnmal so hoch waren, wie die vergleichbarer Wohnungen, fachmännisch begründet, das könne nur daran liegen, dass die Heizkostenmessgeräte defekt seien. Wenn die Geräte nicht kaputt seien, dann müsse der Mandant eben zahlen.. Eine andere Möglichkeit gibt es nicht.

Die Wahrheit war, dass ein korrupter Beirat, der in den Eigentümer-versammlungen immer die Mehrheit hatte, vorsätzlich die Abrechnungen gefälscht hatte.

Ein Rechtsanwalt unterstützte seinen Mandanten, die Rechnung eines Klempners nicht zu bezahlen, weil angeblich nach Installation einer Sanitär- und Heizungsanlage, das Trinkwasser erhöhte Konzentrationen bestimmter Inhaltsstoffe enthalten hätte. Mit dem Fachwissen eines Klempners, erkannte der Rechtsanwalt sofort, dass dies auf einen Fehler bei der Installation, zurückzuführen sei.

Obwohl die Gegenseite darlegte, dass diese Konzentration der Inhaltstoffe darauf beruhte, dass die Wasserentnahme nur selten erfolgte, und damit, wie jeder weiß, zunächst schmutziges Wasser aus der Leitung kommt, wusste es der Anwalt besser, und trieb die Klage bis in die Berufung, wo er dann aufgrund eines Gutachtens, eines besseren belehrt wurde, die Klage verlor, und der Mandant nun die Gerichtskosten aller Instanzen, und die Gebühren für seinen und den gegnerischen Anwalt, zusätzlich bezahlen musste.

Es ist davon auszugehen, dass der Mandant dieses Spielchen nur mitgemacht hat, weil er rechtschutzversichert war.

Welche Anforderungen an einen Rechtsanwalt gestellt werden, soll an einem Verfahren über die Schadenersatzklage einer Frau, die seit dem 15. Lebensjahr unter Rückenschmerzen litt, und bei der im Jahre 1995 eine Versteifungsoperation der Wirbelsäle vorgenommen wurde, dargestellt werden.

Der Rechtsanwalt verklagte die behandelnden Ärzte ein Schmerzensgeld von mindestens 100.000,- EUR und weitere 16.898,- EUR zu zahlen, und ihr sämtliche weiteren zukünftigen materiellen und immateriellen Schäden zu ersetzen, die ihr aus der 10-tägigen Behandlung im Krankenhaus entstehen werden.

Der Anwalt musste sich bei der Begründung der Klage auskennen, mit ärztlichen Begriffen, wie, Spinalkanalspinose, epidurale Adhäsionen, Fibrosierungen, Postdiskostomiesyndrom, dorsoventraler Fusion und so weiter.

Woher er diese Kenntnisse hatte, bleibt ein Rätsel.

Leider wurde auch dieses Verfahren, trotz des bewundernswerten Fachwissens, in der zweiten Instanz, verloren.

Wenn Jemand einem Anderen einen steuerlichen Rat gibt, schaltet sich sofort die Steuerberaterkammer ein und erwirkt eine einstweilige Verfügung, dass er das nicht darf, weil er den Beruf des Steuerberaters nicht erlernt hat.

Wenn Jemand einem Anderen eine Wasserleitung repariert, und dafür Geld verlangt, kommt sofort die

Handwerkskammer, wenn er nicht den Beruf eines Klempners erlernt hat.

Wenn Jemand einem Patienten einen Rat gibt, wie er am besten sein Hühnerauge wegbekommt, ist sofort die Ärztekammer zur Stelle, um ihm das zu verbieten, weil er nicht den Beruf eines Arztes erlernt hat.

Ein Rechtsanwalt jedoch, darf alles.

Er darf die Mandanten in Steuersachen, Klempnerfragen, Ärzteproblemen und auch in Fragen sämtlicher anderer Berufsgruppen beraten und vor Gericht vertreten, obwohl er keinen der Berufe erlernt hat, und dafür auch noch erhebliche Gebühren nach dem RVG berechnen.

Da es in Gerichtsverfahren der ersten Instanz, fast immer um Sachfragen geht, ist ein Rechtsanwalt der am wenigsten geeignete Vertreter des Mandanten, weil er sich zwar in rechtlichen Fragen auskennt, von der Sache um die es geht, aber genau so wenig Ahnung hat, wie du und ich. Hier wäre ein Mandant, von Anfang an, besser beraten, wenn er sich an einen Bäcker, Klempner, usw., wendet.

Das deutsche Rechtssystem

Bestandsaufnahme und Ausblick

Das deutsche Rechtssystem krankt zurzeit an zwei Leiden, und wird daran sterben, wenn nicht bald ein Arzt kommt der die richtige Diagnose stellt und eine erfolgreiche Therapie einleitet:

Die Gerichtsverfahren dauern viel zu lange

Es gibt zu viele Fehlurteile

Die zuständigen Fachärzte, die Rechtsanwaltskammern, sind nur darauf bedacht, Ihren Mitgliedern immer neue Wohltaten zu verschaffen, zuletzt durch das RVG, und haben dabei vergessen , dass der Patient, von dem sie alle abhängen, im Sterben liegt. Wenn sie nicht bald eine Therapie vorschlagen, wie unser Rechtssystem wieder gesunden kann, werden sie auch selbst bald das Zeitliche segnen.

Als erstes sollte den Kammern mal ein Licht aufgehen, dass von 160.000 Tausend Rechtsanwälten, die sie durch ihre Wohltaten angelockt haben, mindestens 120.000 zu viel sind, wenn man davon ausgeht, dass auf einen der 20.000 Richter, höchstens zwei Anwälte kommen sollten. Dadurch ist die Zahl der Gerichtsverfahren ins unermessliche angestiegen, da ja jeder Anwalt Geld verdienen muss, und das nur kann, wenn er genug Gerichtsverfahren einleitet, für die er dann seine Gebühren, nach dem RVG, abrechnen kann.

Sie müssten also dafür sorgen, dass entweder mehr Richter geschaffen werden, oder die Zahl der Rechtsanwälte zurückgeht.

Die einfachste Lösung, die sich geradezu aufdrängt, wäre mehr Richter zu schaffen. Jeder Rechtsanwalt hat auch die Befähigung zum Richteramt. Man müsste also nur von dem Überangebot an Rechtsanwälten einen Teil (oder auch alle, worauf später noch eingegangen wird), zu Richtern machen. Es bedarf keiner Ausbildung von neuen Richtern, sie sind alle schon vorhanden. Wenn das richtige Verhältnis 1 Richter

- 2 Rechtsanwälte wieder hergestellt ist, könnten zumindest die von den Anwälten eingereichten Verfahren wieder zeitnah erledigt werden.

Auch könnte damit sicherlich ein Teil der Fehlurteile zurückgehen, weil die Richter wieder mehr Zeit hätten sich mit einer Sache zu befassen.

Für die Fehlurteile gibt es aber auch noch andere Gründe:

Durch die abgesicherte Position als Beamte, brauchen die Richter sich keine Sorgen zu machen, dass ihnen durch leichtfertige oder willkürliche Fehlentscheidungen irgendwelche Nachteile entstehen können. So hat zum Beispiel ein Richter in einer Schadenersatzklage gegen einen Rechtsanwalt, der übrigens von einem ehemaligen Kollegen des Richters vertreten wurde, der pensioniert war, und jetzt als Rechtsanwalt seine kleine !!! Pension etwas aufbesserte, eine Begründung des geschädigten Mandanten überhaupt nicht beachtet, und dadurch eine Berufung erforderlich gemacht.

Nach 30 Jahren, in denen ein Richter immer dieselbe, bis ins kleinste geregelte Tätigkeit ausüben muss, bleibt es nicht aus, dass auch der motivierteste Richter mit der Zeit abstumpft, und das urteilen zur Routine wird.

Wenn man den Richtern die Möglichkeit geben würde, in dem mannigfachen Rechtssystem, auch mal eine andere Tätigkeit auszuüben, würden sicherlich viele davon Gebrauch machen. Es sollte auch möglich sein, wenn ein Richter zu viele Fehlurteile produziert, die dann ein zweites Verfahren zur Aufhebung dieses Urteils erfordern, den Richter, nach Vorwarnung, zu versetzen.

Der wesentlichste Grund dafür, dass das Rechtssystem kurz vor dem Kollaps steht, liegt aber darin, dass die rasante Weiterentwicklung der Menschheit und der inzwischen globalen Vernetzung, an den Rechtsanwälten und Richtern spurlos vorbeigegangen ist. Sie haben gar nicht gemerkt, oder wollten es nicht merken, welche neuen Möglichkeiten sie haben, ihren Beruf völlig neu und effektiver auszuüben.

An dem Ablauf der Gerichtsverfahren hat sich seit 200 Jahren kaum etwas verändert. Es werden immer noch ellenlange Schriftsätze hin und hergeschickt, die dann der Andere wieder lesen und beantworten muss, Fristen gesetzt,

Termine anberaumt, zu denen dann Alle zu erscheinen haben, auch wenn sie dabei oft stundenlang im Stau stehen müssen. Der Richter wiederholt in seiner schriftlichen Urteilsbegründung alles nochmal, was die Parteien vorgetragen haben, in höheren Instanzen sogar nochmals das, was in der ersten Instanz bereits gesagt wurde, sodass dann Urteile mit 20 Seiten oder mehr, keine Seltenheit sind. Alles muss dann von Sekretärinnen, wie zu Zeiten als die Schreibmaschine erfunden wurde, eingetippt, und dann mit der Post, zum Glück nicht mehr mit der Postkutsche, zu den Beteiligten transportiert werden.

Anstatt nach immer neuen Privilegien für ihre Mitglieder zu suchen, hätte bei den Rechtsanwaltskammern schon längst eine Reform des Rechtssystems, von Grund auf, eingeleitet werden müssen, damit wir alle wieder stolz auf unseren Rechtsstaat sein können.

Die Therapie

Eine Gesundung des deutschen Rechtssystems, kann sicherlich durch verschiedene Methoden erreicht werden. Hier soll nur die Therapie eines Laienarztes, sozusagen eines Heilpraktikers, erläutert werden, dessen Vorschläge einzig und allein, dem gesunden Menschenverstand entsprungen sind.

Am deutschen Rechtssystem sind beteiligt: Die Rechtsanwälte. die Richter und eine umfangreiche Verwaltung.

Fangen wir mit den Rechtsanwälten an, sozusagen dem Kopf des Systems, der durch seine erdachten Vorstellungen, wie das System funktionieren soll, und deren Umsetzung, dafür verantwortlich ist, dass der Patient jetzt so schwer erkrankt ist.

Da man ja heute fast alle Organe ersetzen kann, erhebt sich die Frage, ob man dem System, durch eine Transplantation, nicht einen neuen Kopf geben sollte. Das bedeutet, dass der alte Kopf zunächst einmal beseitigt werden müsste.

Durch Abschaffung der Rechtsanwälte, würde das System nicht gleich zugrunde gehen. Es gibt immer noch das Herz des Systems, die Richter, und den Körper, den Verwaltungsapparat, die das System am Laufen halten.

Mindestens zwei Mängel am System hätte man aber damit beseitigt:

Der Einfluss der Rechtsanwälte auf die Gesetzgebung wäre ein für alle Mal beseitigt, und die Mandanten würden von mindestens 20 Milliarden Gebühren befreit werden.

Natürlich darf ein demokratischer Rechtsstaat sein Volk nicht hilflos den Mühlen der Justiz überlassen, sondern muss dafür sorgen, dass Jeder der sich nicht selbst helfen kann, die nötige Unterstützung bekommt, damit er nicht von der Staatsmacht oder anderen Menschen um sein Recht gebracht wird.

Dazu braucht man aber keine Rechtsanwälte mehr.

Das Internet gibt heute, jedem der lesen kann, soviel Informationsmöglichkeiten, dass er selbst erkennen kann, ob eine gerichtliche Durchsetzung seiner vermeintlichen Ansprüche, Aussicht auf Erfolg haben, oder nicht. Es wird nur sehr wenige Mitbürger geben, die sich nicht allein helfen können. Für diese muss der Staat Beratungsstellen schaffen, bei denen sie sich Rat und Unterstützung holen können.

Was tun, mit den 160.000 dann arbeitslosen Rechtsanwälten?

Es wurde bereits angedeutet, dass der Staat zurzeit viel zu wenig Richter hat. Die Rechtsanwälte haben alle die Berechtigung zum Richteramt und könnten zunächst alle als Richter eingestellt werden, zur Aufarbeitung der Berge unerledigter Verfahren. Die Gehälter für die neuen Richter könnten leicht durch eine Erhöhung der Gerichtsgebühren, aufgebracht werden, weil ja die Gebühren für die Tätigkeit eines Rechtsanwalts entfallen.

Nach überschlägigen Berechnungen des Verfassers, würde sich dadurch noch eine Ersparnis von 8 Milliarden EUR jährlich ergeben.

Es ist aber auch davon auszugehen, dass ein Gro0teil der Rechtsanwälte, an einer Übernahme in den Staatsdienst überhaupt nicht interessiert ist, weil sie dann eine geregelte Arbeitszeit einhalten müssten, und das Gehalt für die verantwortungsvolle Tätigkeit, auch nicht so üppig ist. Anwälte, die schon länger im Geschäft sind, haben ihre Schäfchen sowieso schon im Trockenen.

Vor allem Frauen, die ihre Tätigkeit als Rechtsanwalt mehr als Nebentätigkeit, neben ihren Pflichten als Hausfrau angesehen hatten, und nur an den wunderbaren Möglichkeiten des RVG, ohne viel Arbeit Geld zu machen, interessiert waren, hätten keine Lust, 8 Stunden lang angestrengt zu arbeiten.

Ein großer Teil, würde sicherlich auch in die freie Wirtschaft gehen, wie das auch jetzt schon viele getan haben.

Der Beruf des selbständigen Rechtsanwalts, der nur von den Gebühren des von den Anwälten geschaffenen RVG lebt, ist auf jeden Fall nicht mehr zeitgemäß, und eine Zumutung für das deutsche Rechtssystem und den Bürger.

Die Rechtschutzversicherungen brauchen aber auch nicht gleich um ihre Daseinsberechtigung fürchten, weil diese ja weiter bestehen könnten, zur Übernahme der Gerichtskosten. Der Umsatz der Versicherungen und damit der Beitrag für die Versicherten, würden sich allerdings drastisch vermindern, was für die Betroffenen sicherlich ein Grund zur Freude wäre.

Kommen wir nun zu den Richtern, dem Herzen unseres Rechtssystems:

Die andauernde Überbelastung, durch die Fülle der Verfahren, hat hier bereits zu großen Schäden geführt. Die Motivation vieler Richter, ihre Arbeit zum Wohle der Gerechtigkeit auszuüben hat, hat erkennbar abgenommen, was sich in den vielen Fehlurteilen dokumentiert. Die Zahl von 600 Neuzugängen an Verfahren, die ein Richter ständig vor sich herschiebt, hat ihm die Luft zum Atmen genommen, und ein Mensch der keine Luft mehr bekommt, kämpft nur noch ums Überleben, und nicht mehr für Gerechtigkeit.

Aber nun kommt ja die Rettung. Auf einen Schlag gibt es 160.000 (oder auch etwas weniger) neue Richter, die nur darauf warten, ihre geplagten Kollegen zu entlasten. Schon innerhalb weniger Monate werden die laufenden Verfahren, durch ein Urteil erledigt sein, und die Rechtsbrecher oder zahlungsunwilligen Kunden, die damit gerechnet hatten, dass sie durch jahrelange Wartezeiten bis zum Ergehen eines Urteils, ihren Verpflichtungen entgehen konnten, werden enttäuscht die Nase rümpfen.

Die Abläufe der Gerichtsverfahren, müssen wesentlich erleichtert, und von unnützen Formvorschriften befreit werden.

Ein Hauptbestandteil der Rechtsprechung, sollte auch bei Zivilverfahren, wieder, wie bei den Strafverfahren üblich, die mündliche Verhandlung werden.

Schriftlich einzureichen ist nur die Klageschrift mit Erklärung, worum es geht. Weitere Schriftsätze und Stellungnahmen mit immer neuen Fristsetzungen, ziehen das Verfahren nur in die Länge und sind überflüssig.

In der mündlichen Verhandlung anwesend sein sollten die beiden Parteien, oder deren Vertreter oder Gehilfen, die zwar nicht mehr Rechtsanwalt sind, aber dafür als Bekannte oder Freunde, wirklich die Interessen der Partei vertreten, und eventuelle Zeugen.

Die derzeitige Tätigkeit der Rechtsanwälte, besteht im Wesentlichen darin, dass sie in ellenlangen Schriftsätzen den Richter belehren, welche Gesetze, Verordnungen und Rechtsprechung er bei der Urteilsfindung beachten muss. Solcher Belehrungen und Hinweise bedarf ein Richter nicht, er hat mindestens ebenso viele Rechtskenntnisse wie ein Rechtsanwalt. Nur ist er dadurch gezwungen, dem betreffenden Rechtsanwalt in der Urteilsbegründung klar zu machen, was der alles nicht weiß. Das bringt natürlich zusätzliche Arbeit, für beide Seiten, und verzögert das Verfahren erheblich.

Unbedingt gehört zu jeder Verhandlung eine Person, die sich mit der Sache auskennt, um die gestritten wird. Das muss nicht immer gleich ein Sachverständiger sein, der nur viel Geld kostet, sondern kann z.B. ein Bäcker sein, wenn sich zwei streiten, dass ein Bäcker zu kleine Brötchen gebacken hat, oder ein Klempner, wenn es darum geht, dass ein Wasserhahn nach der Reparatur immer noch tropft, usw.

Dieser Sachkundige steht während der Verhandlung sowohl den Parteien, wie auch dem Richter für Fragen zur Verfügung.

Die mündliche Verhandlung soll so lange dauern, bis alle ihr Pulver verschossen haben, damit hinterher keiner sagen kann, er hätte kein Gehör bekommen.

Der Richter bildet sich während der Verhandlung ein Urteil, das er den Parteien auch mitteilt, damit alle Bescheid wissen, wie das schriftliche Urteil aussehen wird, und diese bereits in der mündlichen Verhandlung weitere Entscheidungen treffen können.

So werden viele Verfahren sicherlich schon in der ersten Instanz endgültig entschieden und erledigt, entweder durch Vergleich, oder dadurch, dass die unterlegene Partei einsieht, dass sie im Unrecht ist.

Warten auf ein Überraschungsurteil nach der mündlichen Verhandlung, wie es zurzeit praktiziert wird, ist nicht mehr zeitgemäß, und führt nur zu weiteren Verfahren in der nächsten Instanz.

Manchmal sehnt man sich zurück nach den alten Zeiten, wo sich der Herr Amtsrichter Adam, nach einer lebhaften, mündlichen Verhandlung, ohne Rechtsanwälte, um einen zerbrochenen Krug, zum Schluss selbst als kleines Sünderlein entpuppte.

Ohne Rechtsanwälte, gäbe es solche Verhandlungen vor Gericht sicherlich immer noch, und man müsste nicht jeden Tag vor der Glotze sitzen, sondern könnte auch ab und zu mal in den Gerichtssaal gehen.

Wie kann der dicke, aufgedunsene Körper unseres Rechtssystems, die Verwaltung, wieder in eine attraktive Form gebracht werden, damit sich auch andere Länder wieder nach unserem Rechtssystem umsehen?

Leider hat die dicke Dame nichts mitbekommen, von dem Fortschritt, den die Wissenschaft in der Kommunikation und Speicherung von Daten in den letzten 50 Jahren gemacht hat, sondern hat sich immer weiter vollgesogen mit gewaltigen Papiermengen, und verschlingt auch heute noch Unmengen davon, wodurch ihr Körper diese unförmige Gestalt angenommen hat.

Hier muss sofort eine strenge Abmagerungskur angeordnet werden. Organisationsfachleute der Computer-Branche müssen die gesamte Verwaltung durchforsten, und völlig neue Plane aufstellen, wie die Abläufe der Verwaltungsarbeit erfolgen sollen, und entsprechende Computerprogramme entwickeln, die den Angestellten die Arbeit erleichtern, aber vor Allem wieder Übersicht in das Chaos bringen.

Jedes Industrieunternehmen lässt regelmäßig die Betriebsabläufe überprüfen, und ergreift entsprechende Maßnahmen, wenn etwas verbessert werden kann. Davon hat man wohl bei den Gerichten noch nichts gehört.

Sogar die Finanzämter haben schon vor Jahren erkannt, welche Vorteile ihnen die elektronische Datenübertragung-

und Verarbeitung bringt, und das gesamte Steuererhebungsverfahren dieser neuen Entwicklung angepasst. Sie haben sogar ein Programm für die Steuerzahler entwickelt, und ihnen zur Verfügung gestellt, mit dem schönen Namen: „Elster". Ein sehr zutreffender Name für ein Gebilde, dass einem das Geld aus der Tasche zieht, wenn man noch das fehlende Wort: „Diebische" davor setzt.

Dieses Programm ermöglicht es normalen Bürgern, wieder ihre steuerlichen Angaben allein zu erfassen, und dem Finanzamt zu übertragen. Die Steuerberater sind dadurch nicht arbeitslos geworden, weil das Steuerrecht so kompliziert ist, dass sie noch genug Arbeit haben, alle Ausnahmen ihren Mandanten, zu erläutern.

Außerdem haben sie noch genug andere Arbeiten, wie z.B. die gesamte Buchführung für ihre Mandanten zu erledigen, die ein Geschäft betreiben.

Dass diese Entwicklung an den Gerichten völlig vorbeigegangen ist, muss einen Grund haben. Es liegt die Vermutung nahe, dass die mächtigste Berufsgruppe in unserem Staat, da ihre Finger im Spiel hat. Sicherlich befürchten die Rechtsanwaltskammern, nicht zu Unrecht, dass durch die Vereinfachung unseres Rechtssystems, die Arbeit (wenn man das so nennen will) ihrer Mitglieder, nicht mehr nötig ist, und sie selbst dann auch ihre Macht verlieren würden.

Solange sich hier keine Machtverschiebung ergibt, müssen wir wohl alle weiter leiden, unter jahrelangen Gerichtsverfahren, Fehlurteilen und dem Chaos bei den Gerichten.

Es kann z.B. nicht angehen, wie geschehen, dass ein vom Gericht bestellter Gutachter, erst 6 Monate nach der Verfügung des Gerichts, beauftragt wird.

Oder laufende Verfahren monatelang ruhen, weil sie einfach vergessen wurden, und erst nach Erinnerung wieder entdeckt, und die Verzögerung dann damit begründet wird, dass der Richter angeblich etwas anderes zu erledigen hatte.

Es gibt sicherlich noch andere Möglichkeiten, wie das Rechtssystem reformiert werden kann, es muss nur Jemand da sein, der es tut.

Die Richter würden sicherlich gern etwas verändern, können und dürfen es aber nicht, weil sie als Diener des Staates nicht gegen die bestehenden Gesetze rebellieren können.

Die Rechtsanwälte und ihre Kammern, könnten etwas tun, und sogar die erforderlichen neuen Gesetze vorbereiten, die nötig wären, um Veränderungen herbeizuführen, wollen es aber nicht, weil sie um ihrem Besitzstand fürchten.

Und so läuft eben alles so weiter, bis eines Tages nichts mehr geht, weil die Gerichtsverfahren so lange dauern, dass es zu einem Urteil nicht mehr kommt.

Aber wie sagte Gorbi doch so schön: „Wer zu spät kommt, den bestraft das Leben".

Vielleicht ist die Strafe ja nicht mehr fern, wenn die jetzt begonnene Diskussion um das deutsche Rechtssystem anhält, und nach und nach immer mehr Volk, gegen das System opponiert, und Veränderungen wünscht.

Vielleicht sind die Rechtsanwaltskammern ja aber auch schneller als Honnecker.

www.ingramcontent.com/pod-product-compliance
Lightning Source LLC
Chambersburg PA
CBHW070624290526
45790CB00002B/986